LA

RESTAURATION DE L'AUTORITÉ

EN FRANCE

PAR

BARNABÉ CHAUVELOT.

Prix : 75 cent.

PARIS

ALLOUARD ET KÆPPELIN, LIBRAIRES-ÉDITEURS,

12, RUE DE SEINE.

1851

LA

RESTAURATION DE L'AUTORITÉ

EN FRANCE.

Imprimerie Henri et Charles NOBLET,
rue Saint-Dominique 56.

LA
RESTAURATION DE L'AUTORITÉ
EN FRANCE,

PAR

BARNABÉ CHAUVELOT.

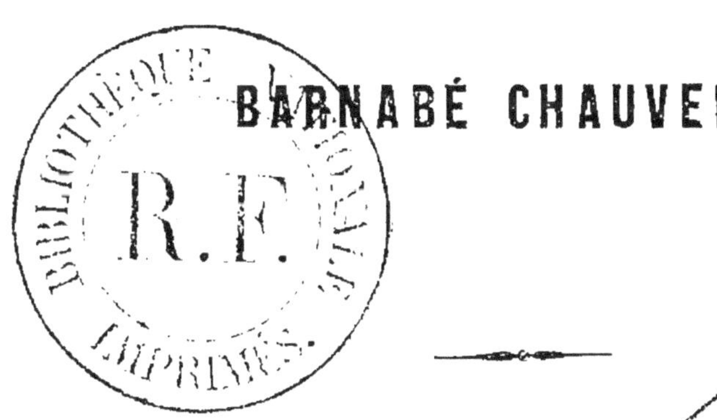

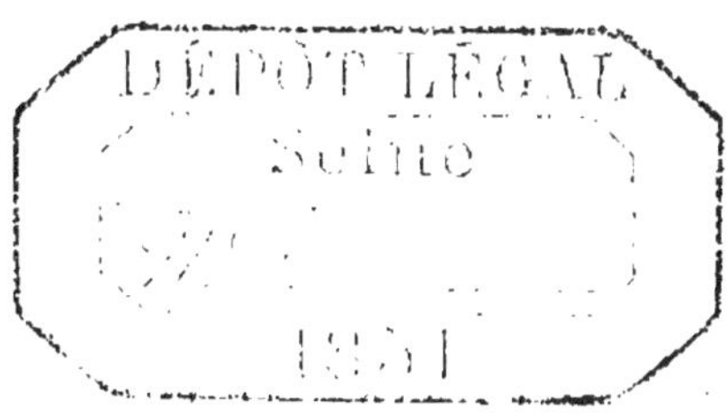

PARIS

ALLOUARD ET KŒPPELIN, LIBRAIRES-ÉDITEURS,

12, rue de Seine.

—

1851

AVANT-PROPOS.

Les méditations les plus longues et les plus attentives m'ont amené aux conclusions contenues dans ce livre.

Après être descendu par la pensée dans les profondeurs de l'ordre social, j'en suis remonté avec les trois vérités que voici :

Premièrement, que le Pouvoir, quelle que soit sa forme, est nécessaire et indispensable dans les sociétés ;

Deuxièmement, que le Pouvoir est essen- tiellement monarchique.

Troisièmement, que la théorie du suffrage universel direct est jugée fausse autant que funeste par tous les esprits doués de quelque prévoyance, et par les chefs socialistes plus que par personne.

Dans ces temps malheureux, où de si grands intérêts sont menacés, et où la lutte est si ardente, il est du devoir de tout homme de se ranger sans hésitation sous un des drapeaux arborés.

L'abstention, le refus d'accepter sa part du combat, et de décliner sa part de responsabilité, serait une honteuse lâcheté.

Ils l'ont bien compris, ces hommes puissants, ces hautes intelligences qui s'empressent aujourd'hui de confesser une vérité trop longtemps méconnue par eux.

C'est à la suite de M. Molé, de M. Guizot, de M. de Montébello, de M. Duchâtel, de MM. Pageot, Dumon, et Salvandy , de M. Madier de Montjau (père), et de tant d'autres hommes politiques , que je viens confesser ma foi monarchique.

Je tiendrai à honneur d'être appelé Rénégat en compagnie d'hommes aussi considérables par les positions qu'ils ont occupées, par l'expérience qu'ils ont faite de la vie, que par l'étendue de leurs lumières.

1er mai 1851.

LA
RESTAURATION DE L'AUTORITÉ
EN FRANCE.

CHAPITRE PREMIER.

De la nécessité du Pouvoir dans la société.

Qui aurait cru qu'un jour il deviendrait urgent de défendre contre des génies en révolte la nécessité du Pouvoir dans les sociétés?

Qui aurait cru que la raison humaine dévoyée aurait poussé l'audace et la folie jusqu'à vouloir décapiter la société en niant la légitimité de toute autorité, quelle que soit du reste sa forme ?

Notre siècle, qui a vu tant de crimes et qui a été témoin de tant d'absurdités, devait encore, pour que rien ne manquât à son enseignement, assister au triste spectacle de l'esprit humain en lutte contre les lois éternelles de la création.

Dans le xviiie siècle, Jean-Jacques Rousseau nia la nécessité organique de la royauté; dans le xixe, Proudhon, plus paradoxal et plus audacieux, est allé plus loin : il a nié la nécessité organique de l'autorité, abstractivement considérée, et s'est proclamé AN-ARCHISTE.

Cette doctrine est contenue dans une publication de Proudhon portant, on ne sait trop pourquoi, le titre de *Confession d'un révolutionnaire*.

En quoi consiste donc cette doctrine qui a tant fait de bruit et qui a fourni tant de sujets de déclamations haineuses contre l'ordre social?

Le mot qui sert à l'exprimer emporte avec lui sa définition. — An-archie, c'est-à-dire absence de Pouvoir, négation de l'autorité.

Proudhon, qui avait nié l'autorité providentielle, devait rigoureusement, un jour ou l'autre, nier l'autorité sociale et se déclarer an-archiste (c'est-à-dire ennemi du pouvoir), comme naguère il s'était déclaré ennemi de Dieu. — Quand on nie l'autorité divine, on ne s'incline point devant celle de la terre.

Et cependant, Proudhon, dans la défense

et dans l'exposition de cette doctrine, a rendu indirectement de grands services à la société ; car il a broyé (pour faire place à son système de liberté absolue) le despotisme communautaire que Louis Blanc et ses séides voulaient nous imposer.

De même que toutes les théories de Proudhon, celle de l'anarchie présente un mélange inouï de vérités et d'erreurs, de principes justes et de conséquences fausses, d'axiômes lumineux et de propositions insensées. Ainsi, toutes les fois que ce philosophe défend les droits de la liberté individuelle, de la spontanéité humaine, son esprit s'élève à des considérations dont l'éclatante vérité inonde toute ame attentive. Ainsi, toutes les fois qu'il soutient que le foyer de toute vie, de toute activité, de toute initiative, de toute fécondité économique se trouve dans le libre exercice de toutes les volontés individuelles, il est dans le vrai, et, parce qu'il dans le vrai, il soutient son assertion avec une puissance d'argumentation invincible.

Mais quelle triste chute, quand, cédant à l'empire du paradoxe, il s'acharne avec une sauvage énergie à marier, à unir, ou plutôt à extraire de la vérité le mensonge, l'erreur et le sophisme !

Comme il perd de sa grandeur et de ses hautes proportions, dès qu'abandonnant le terrain solide des vrais principes économiques, il s'élance dans les sables mouvants des plus folles rêveries !

Je veux bien admettre que Proudhon ait été de bonne foi dans l'exposition de ses doctrines économiques, mais je ne me résoudrai jamais à croire qu'il ait soutenu sérieusement la doctrine de L'AN-ARCHIE ; car pour peu qu'on ait étudié l'homme et les sociétés, pour peu qu'on soit descendu dans les profondeurs de l'organisme social, pour peu qu'on ait interrogé l'histoire, on se convainct facilement de la nécessité, de la fatalité, de la pérennité du Pouvoir. Il faut toute la folie, tout le scepticisme, tout le vide des ames de notre siècle, pour que de semblables doctrines trouvent et des admirateurs et des propagateurs.

Pour soutenir cette doctrine insensée qui n'est, pour une multitude de misérables, que la systématisation du désordre et du plus effroyable chaos, Proudhon a dû passer bien des nuits sans sommeil ; car plus sa thèse était insoutenable, plus il redoublait d'efforts. Peut-être qu'en cela il n'avait d'autre but que de mesurer l'imbécillité de notre époque.

Quel a été le principal argument employé contre le pouvoir par le grand professeur de l'anarchie? Précisément le même que celui auquel il nous avait accoutumés contre la propriété, contre l'intérêt des capitaux, contre la religion. En effet, Proudhon a prétendu que le Pouvoir avait fait son temps, qu'utile dans l'enfance de l'humanité, il n'était plus nécessaire dans sa virilité. Il a dit: que le Pouvoir avait été à l'humanité ce qu'un tuteur est à l'enfant, que ses droits cessaient d'exister du jour où sa pupille avait atteint l'âge de majorité. Que le Pouvoir est désormais un rouage inutile dans le mécanisme social; qu'il n'est plus qu'une entrave qui paralyse la plus grande partie des efforts de la liberté individuelle; que c'est un cau-

chemar assis sur le cœur de la société mo-
derne. Que l'humanité, déclarée majeure,
porte en elle-même, dans sa spontanéité, sa
loi d'organisation et de développement ;
qu'elle manifestera cette loi sans le secours
du Pouvoir; qu'elle jouira d'une vie propre ;
qu'elle n'obéira qu'à elle-même ; qu'elle ne
recevra aucune impulsion extérieure ; qu'elle
se transformera par sa propre énergie, se
maintiendra, se conservera par sa propre
force, et enfin se gouvernera par sa propre
sagesse.

Voilà le résumé fidèle de ce qu'il a dit :
voilà les raisons sur lesquelles il a établi sa
thèse, et, je suis forcé de le dire, ces raisons
sont absurdes.

Comme on n'est pas obligé de me croire
sur parole, je vais prouver ce que j'avance.
Lecteur, veuillez me suivre avec attention.

Qu'est-ce que le Pouvoir? Le Pouvoir, c'est l'expression de la justice sociale. Il n'est point, ainsi que M. Proudhon semble le croire, quelque chose qui soit en dehors de la société elle-même; mais il est, au contraire, ce qu'il y a de plus intime, de plus nécessaire dans l'organisme social.

Quand les hommes se réunissent en société, leur état naturel, tous les droits et tous les intérêts se trouvent en présence et bientôt en lutte. Je dis en lutte, car, chez la plupart des hommes, la voix de la cupidité, de l'égoïsme est plutôt entendue que celle de la justice et du dévouement. C'est de cette lutte des droits individuels, que naît, dans la société, ce que nous appelons le Pouvoir. La force conservatrice du Pouvoir naquit dans la société pour paralyser les funestes effets de la force dissolvante du MAL.

2

C'est par le péché que le Pouvoir est entré dans le monde.

Le Pouvoir est la force ordonnatrice qui crée l'ordre dans le chaos, qui sépare les éléments sociaux en lutte, qui circonscrit les droits individuels, qui veille aux intérêts généraux et qui commande la justice.

Le Pouvoir est la force conservatrice des sociétés : c'est à lui que sont confiés l'honneur et le salut de la patrie.

Le Pouvoir est la force motrice des sociétés : il y a action et réaction constante du Pouvoir sur la société et de la société sur le Pouvoir.

Le Pouvoir est une émanation, une concentration naturelle de toutes les forces sociales.

La force qui crée, la force qui régularise et qui ordonne, la force qui dirige et qui met en mouvement se réunissent en un foyer commun qu'on appelle le Pouvoir : c'est de ce foyer que ces forces réunies jaillissent sur la société et la pénètrent jusque dans ses profondeurs.

La génération du Pouvoir par l'être social ressemble, nous oserons le dire, à la génération du Verbe de Dieu.

Le Pouvoir, c'est le VERBE SOCIAL : il fut quand fut la société.

Il n'a qu'une même nature avec la société par qui tout progrès a été accompli.

Le Pouvoir n'a point été fait, mais il a ÉTÉ ENGENDRÉ; comme Dieu et son Verbe, le Pouvoir et la société sont UN quoique distincts.

Le Pouvoir et la société reçoivent, se communiquent réciproquement la force, la lumière et la vie.

D ans l'absolu, les rapports entre Dieu le père et Dieu le fils sont immuables ; ces deux foyers d'action infinie agissent et réagissent l'un sur l'autre d'une manière à jamais constante.

Dans le FINI, au contraire, les rapports entre la société et le Pouvoir sont mobiles , changeants, interrompus, mais anéantis, jamais.

Dans le FINI, dans le progressif, l'action de la société sur le Pouvoir peut se modifier dans certaines limites, et réciproquement.

Voilà ce qu'est le Pouvoir dans son essence : il est, non une invention de législateurs habiles, mais une création, une émanation de la spontanéité sociale. Et de même que l'idée d'une providence est corrélative de l'idée de Dieu, de même l'idée de Pouvoir est corrélative de l'idée de société.

Société et Pouvoir : ces deux termes s'appellent, s'impliquent, s'engendrent naturellement.

L'histoire, c'est-à-dire l'expérience, est ici d'accord avec la théorie, avec la spéculation philosophique ; il est impossible, en effet, si loin qu'on veuille remonter dans le cours des âges, de rencontrer une société, si petite, si restreinte qu'elle soit, qui ait vécu un seul jour sans cet organe indispensable du pouvoir.

Les conditions essentielles de la vie des sociétés peuvent se modifier, se transformer, mais s'éteindre, jamais !

Proudhon veut bien reconnaître que le pouvoir apparaît, en effet, comme une création de la spontanéité sociale ; il veut bien reconnaître aussi que cet organe a été indispensable, nécessaire dans le passé de l'humanité ; mais ce qu'il refuse d'admettre, c'est la nécessité présente et future de ce même organe, qu'il considère aujourd'hui comme une branche parasite qui consomme beaucoup et ne produit rien.

Combien Proudhon manque de profondeur et de logique dans des assertions de ce genre ! Eh ! grand philosophe, tu ne vois donc pas, tu ne comprends donc pas, que ce qui fut un jour utile, nécessaire, essentiel, indispensable au fonctionnement d'un organisme quelconque, le sera toujours ? Tu ne vois donc pas que si le Pouvoir, et tu le reconnais, fit un jour partie intégrante de la vie sociale, il continuera toujours d'en faire partie ? De quel droit veux-tu retrancher un des principaux membres du corps social ? De quel droit veux-tu couper une des plus fécondes branches de l'arbre humanitaire ?

Sur quelles puissantes raisons te fondes-tu pour annoncer au monde la mort du Pouvoir ?

L'humanité est majeure, dis-tu, et, par conséquent, elle n'a plus besoin de tuteur et de régulateur. Que veux-tu dire par là : L'HUMANITÉ EST MAJEURE ?

A quels signes certains reconnais-tu que l'humanité est entrée dans son âge de majorité? A quelle horloge a sonné l'heure de cette majorité? En quoi consiste cette majorité ? L'humanité est-elle majeure parce qu'elle a atteint six mille ans? Ou bien est-elle majeure parce qu'elle a acquis la sagesse et la science ?

Si elle est majeure par cette raison seulement qu'elle a vécu six mille ans, je n'ai rien à dire. On ne discute pas avec la folie ; on se contente de la plaindre. Si, au contraire, l'humanité est majeure parce que, selon **M.** Proudhon, elle a atteint la sagesse et la science, je me hâte de demander où est cette sagesse et où est cette science ? Tous les crimes qui jadis nécessitaient l'intervention du Pouvoir ne se renouvellent-ils plus ? Caïn n'attend-il plus son frère pour l'assassiner ? L'antagonisme, la lutte, la guerre, n'existent-ils plus dans l'homme et dans la société ?

L'esprit a-t-il vaincu la matière ? Le dévouement a-t-il terrassé le vieux monstre qu'on appelle égoïsme ? Les lois de la morale ne sont-elles plus méconnues ni violées ? Le MAL qui divise a-t-il été vaincu par le BIEN qui unit ?

Ah ! si le Pouvoir est, comme je l'ai dit, la force qui crée l'ordre dans le chaos, a-t-il jamais été plus nécessaire que dans les

les temps malheureux où la Providence nous à fait naître ?

Si, comme l'a dit M. Saint-Bonnet, *le pouvoir est une barrière promenée devant le mal*, à quelle époque de la vie des peuples a-t-il été plus nécessaire que dans la crise affreuse que nous traversons ?

CHAPITRE II.

Que le Pouvoir en France est essentiellement monarchique.

Il est pour les nations des conditions essentielles d'existence. L'organisme national se forme de la même manière que l'organisme individuel.

Une nation ne peut rien changer, sous peine de décadence et de mort, aux organes vitaux qui ont été la cause de sa croissance et de sa grandeur.

Changer une des conditions de l'organisme national, c'est comme si on coupait une artère du corps humain, c'est comme si l'on retranchait un poumon à l'individu.

Quels sont donc les principaux organes qui ont charrié la vie de la nationalité française? Quels sont, par conséquent, les principes nécessaires à son existence et à ses développements extérieurs?

Si nous ouvrons le livre de l'histoire, nous reconnaîtrons promptement que les deux principaux éléments de vie pour la nation française sont la Monarchie et la Religion catholique.

C'est sur ces deux pivots, Monarchie et Catholicité, que le mouvement français s'est opéré.

La France a eu pour mission providentielle de tendre perpétuellement, énergiquement vers la plus grande unité possible. Voilà pourquoi elle a toujours été monarchique et toujours catholique.

Toute l'histoire de France est une protestation sublime contre les efforts des nations européennes qui cherchaient à entraver la marche de l'esprit vers la grande unité spirituelle.

Pour accomplir sa mission sainte, la France a eu deux ennemis puissants à vaincre, l'un intérieur qui s'appelle la RÉVOLUTION, et l'autre extérieur qui s'appelle le PROTESTANTISME.

Le premier de ces ennemis a voulu détruire chez elle la forme monarchique, symbole de l'unité politique, et le second a voulu la détacher de la religion catholique, symbole de l'unité religieuse.

Chez la plupart des nations européennes, mais plus particulièrement en France, la forme monarchique n'est point une invention attardée, une ingénieuse idée de législateurs habiles. Non, la monarchie n'a été ni méditée, ni imposée, ni consentie après délibération ; ELLE A ÉTÉ ENGENDRÉE SPONTANÉMENT PAR L'INSTINCT DES PEUPLES.

La spontanéité d'un peuple est la voix de la nature, et partant celle de Dieu.

La spontanéité chez les animaux se nomme instinct : l'instinct ne trompe jamais ceux qu'il dirige ; il les pousse fatalement, ou plutôt providentiellement, vers leur bien, vers leur but.

De même qu'il y a un instinct particulier aux races et espèces animales, de même aussi il y a un instinct MORAL particulier aux nations qui se succèdent dans le temps et dans l'espace. Cet instinct moral est surtout visible dans l'enfance des peuples.

Cet instinct MORAL, que j'appelle aussi spontanéité sociale, est cette merveilleuse puissance qui dérive de toutes les volontés qui se pénètrent, qui se mélangent, qui se confondent tout en restant distinctes dans une unité absolue.

C'est cette mystérieuse puissance qui, sous l'action de la Providence, MOULE les nations et leur imprime un cachet indélébile.

L'action de cette puissance a, pendant quatorze siècles, enfanté, maintenu et développé l'élément monarchique en France ; donc la monarchie est la forme naturelle du gouvernement français.

Ce que la spontanéité populaire a créé sous l'action de la Providence, c'est-à-dire la monarchie, la raison en révolte peut-elle le détruire? Non.

Non! car la raison a pour mission de diriger l'instinct, de l'éclairer de sa lumière; mais elle ne doit jamais en détruire l'expression.

Une nation qui voudrait méconnaître cet instinct moral qui préside à la naissance et à la croissance des sociétés, ressemblerait à un individu refusant d'obéir aux lois impérieuses de la nature physique.

Une nation peut abandonner sa voie, méconnaître ses lois providentielles et se révolter contre ce qui a fait sa grandeur, sa prospérité et sa gloire; mais sa révolte ne demeurera pas une seconde impunie.

Lorsque le peuple que Dieu s'était choisi et qu'il dirigeait *personnellement*, transgressait la LOI et sacrifiait aux idoles, subitement la colère du Seigneur éclatait, et la droite de Jéhova s'appesantissait sur lui.

La colère du Seigneur ne cessait que lorsque le peuple juif, converti, rentrait dans l'observation de la loi et dans le respect de la constitution divine.

Pour être moins visible et moins directe, l'intervention de Dieu dans le gouvernement des peuples chrétiens n'en est pas moins réelle et moins évidente. La transgression des lois naturelles et l'oubli d'une des conditions providentielles de l'existence nationale ne sont pas punies avec moins d'éclat et de rigueur qu'autrefois.

Mais cet instinct moral, particulier aux nations, existe-t-il réellement? N'est-ce point une chimère? N'est-ce point une invention plus ou moins ingénieuse, mais sans aucune valeur au fond? Les faits, l'expérience, la philosophie, ne sont-ils point contraires à cette théorie, qui ouvre les entrailles de la société pour y lire les lois de la vie ?

Proudhon va répondre à ceux qui pourraient nous adresser cette question :

« Au point de vue moral et intellectuel,
« dit ce philosophe, la société ou l'homme
« collectif se distingue surtout de l'individu
« par la spontanéité d'action, autrement dit
« de l'instinct. Tandis que l'individu n'obéit
« ou s'imagine n'obéir qu'à des motifs dont
« il a pleine connaissance, et auxquels il est
« maître de refuser ou d'accorder son ad-
« hésion ; tandis, en un mot, qu'il se juge
« libre, et d'autant plus libre qu'il se sait
« plus raisonneur et plus instruit, la so-
« ciété est sujette à des entraînements où

« rien, au premier coup d'œil, ne laisse
« apercevoir de délibération et de projet,
« mais qui, peu à peu, semblent dirigés par
« un conseil supérieur existant hors de la
« société, et la poussant avec une force ir-
« résistible vers un terme inconnu. L'ÉTA-
« BLISSEMENT DES MONARCHIES, DES INSTI-
« TUTIONS JUDICIAIRES, SONT AUTANT DE
« MANIFESTATIONS DE CETTE SPONTANÉITÉ SO-
« CIALE, DONT IL EST BEAUCOUP PLUS FACILE
« DE NOTER LES EFFETS QUE D'INDIQUER LE
« PRINCIPE OU DE DONNER LA RAISON.

« Tout l'effort même de ceux qui, à la
« suite de Bossuet, Vico, Herder et Hegel,
« se sont appliqués à la philosophie de l'his-
« toire, a été jusqu'ici de constater la pré-
« sence du destin providentiel qui préside
« à tous les mouvements de l'homme. Et
« j'observe, à ce propos, que la société ne

« manque jamais, avant d'agir, d'évoquer
« son génie, comme si elle voulait se faire
« ordonner d'*en haut* ce que déjà la spo n-
« tanéité a résolu. »

La monarchie, Proudhon l'avoue, est le produit de la pensée collective inspirée par Dieu, et, partant, un acte de foi nationale, de même que l'idée de Dieu. Les révolutionnaires de 93 sentirent si bien cette vérité, qu'après avoir brisé la monarchie, ils essayèrent d'anéantir l'idée de Dieu.

Je terminerai ces réflexions par une pensée de M. de Bonald, pensée qui ne diffère de la nôtre que par la manière concise dont elle est présentée. « *La monarchie*, a dit
« ce grand philosophe, *résulte de l'instinct*
« *national aussi nécessairement que la pe-*
« *santeur résulte de la nature des corps.* »

La France a été plantée dans une terre monarchique et catholique, elle a vécu de la sève monarchique et catholique; elle s'est épanouie, fleur ravissante de beauté et riche de parfums, dans l'atmosphère monarchique et catholique, et elle mourra tristement si on la prive du soleil qui a réjoui son enfance, si on la transplante dans une terre étrangère, si on éloigne de ses lèvres la coupe où elle a bu la vie, et si enfin on la sépare violemment de sa mère.

De même que les branches se dessèchent et meurent loin du tronc qui leur communiquait sa force, de même aussi les nations s'éteignent et meurent loin des sources de la vie physique et morale qui ont alimenté leurs membres et formé leurs cœurs.

Peuple français, sublime enfant prodigue, n'as-tu point encore assez souffert?

N'as-tu point suivi assez longtemps le génie maudit qui, depuis soixante ans, t'en-
traîne avec violence dans les régions du
scepticisme et de la mort? Regarde! ton
front est ensanglanté, tes pieds sont meur-
tris, ton cœur est sec, aride, désolé, la
nuit se fait de plus en plus noire dans
ton ame, la souffrance t'enveloppe de toute
part, la misère aux haillons sordides, aux dé-
sespoirs terribles, te serre entre ses bras
amaigris, et te jette à peine de sa main avare
les glands des pourceaux?

Oh! recueille tes souvenirs! Evoque le
temps passé! Rappelle-toi les jours féconds,
les jours pleins de gloire et de bonheur que
tu vivais dans la maison de ton père! Souviens-toi de ces campagnes bénies qu'arro-
sait le fleuve monarchique et qu'éclairait et
échauffait le soleil chrétien ! Là les moissons

étaient belles, les vendanges abondantes, les joies calmes et pures !

Que tu étais heureux alors ! Comme ta paix était profonde !

Tu ne voyais point comme aujourd'hui tes forêts ébranlées par le souffle brûlant des plus terribles colères ; tu ne te consumais point dans la haine et la rage comme aujourd'hui ; tu avais pour égayer tes heures, pour réjouir ton travaïl, pour chasser le désespoir, une espérance au cœur, une foi dans l'ame!.....

Oh! peuple français, nation choisie, souviens-toi, et reviens à la maison de ton père, à cette maison loin de laquelle l'esprit révolutionnaire t'a entraîné.

CHAPITRE III.

Le suffrage universel jugé par ses défenseurs.

Cette doctrine philosophique que je viens d'exposer, cette doctrine sanctionnée par la religion, fut incontestée en France jusqu'au xviiiᵉ siècle, jusqu'à ce siècle impie où tout, religion, monarchie, société, Dieu lui-même, furent attaqué avec une audace, une vanité, une ignorance sans exemple dans le passé de l'humanité. Alors l'école de la nature, en pleine révolte contre la civilisation, contre la société, et regardant l'état sauvage comme l'état naturel de l'homme, chercha, par de prodigieux efforts, à briser tous les liens qui, jusque·là, avaient uni les hommes entre eux, et les hommes avec Dieu. Alors fut inventée l'absurde théorie de la souveraineté et de l'infaillibilité indivi-duelle. Cette école, en proclamant l'athéis-me, c'est-à-dire la révolte de l'homme con-tre l'unité supérieure, contre le principe absolu de conservation générale, devait, pour être logique, proclamer la souveraineté individuelle, c'est-à-dire la révolte de l'homme contre le principe monarchique, symbole de l'unité et de la conservation so-ciale.

C'est de cette école fatale que jaillirent tous nos maux. Toutes les révolutions qui, depuis un demi-siècle, ont ensanglanté notre malheureuse patrie, sont les filles naturelles de cette double révolte contre Dieu et la monarchie, de la philosophie matérialiste du xviiie siècle.

Aux yeux des hommes sages, ces doctrines honteuses sont jugées. Les fruits amers qu'elles ont portés, les ruines innombrables qu'elles ont entassées, les crimes abominables qu'elles ont fait commettre, ont éclairé et désillé les yeux aux cœurs honnêtes qui ne craignent pas de reconnaître hautement qu'ils ont fait fausse route.

Mais si, malgré les tristes expériences que nous avons faites, il était encore des hommes sérieux, attachés à la doctrine de la souveraineté individuelle, nous les prions de méditer attentivement les jugements suivants des philosophes socialistes.

Il y a bien longtemps que ces philosophes, oublieux aujourd'hui de leurs méditations solitaires et de leurs généreux aveux, ont ruiné cette fausse doctrine du suffrage universel.

Les extraits suivants, tirés des principaux ouvrages des défenseurs *quand même* de la République de février, suffiront, je pense, pour ouvrir les yeux aux plus incrédules.

Républicains socialistes, prêtez l'oreille, vos grands-prêtres ont la parole.

A tout seigneur tout honneur.

Pierre Leroux, commencez !

(Pierre Leroux, Livre de l'humanité, livre premier, page 130.)

« Voilà Rousseau à son tour, le politique
« du sentiment. Il sent dans son cœur que
« l'homme est né libre, et le voit partout
« dans les fers. Il veut chercher s'il n'y
« a pas quelque forme d'administration lé-

« gitime, c'est-à-dire propre à restituer
« cette liberté naturelle de l'homme.

« Mais quelle idée psychologique a-t-il
« de l'homme ? L'homme pour lui, malheu-
« reusement, n'est qu'un sentiment, une
« force, une volonté, un *moi*. De là, il ré-
« sulte que les hommes lui apparaissent
« comme autant de forces ou d'individua-
« lités séparées, non pas seulement égales ,
« mais identiques, qui ne peuvent être unies
« en rien que par contrat. *Puisqu'aucun*
« *homme n'a une autorité naturelle sur*
« *son semblable, et puisque la force ne pro-*
« *duit aucun droit, restent donc les conven-*
« *tions pour base de toute autorité légitime*
« *parmi les hommes.*

« Comment, en effet, unir tous les hommes
« qui sont tous des forces égales, identiques,
« existant au même titre, homogènes en un

« mot, puisqu'elles ne sont toutes qu'une
« seule chose, une volonté, un sentiment?
« Il est évident qu'il n'y a que le contrat
« sur le pied de l'égalité par tête, qui puisse
« faire aboutir à une résultante ces forces
« homogènes. Rousseau donc se met à
« l'œuvre : il a devant les yeux les débats
« des antiques sociétés, où, tandis que l'es-
« clave, qui n'était pas compté pour un
« homme, remplissait les fonctions indus-
« trielles, les citoyens venaient sur la place
« publique comme autant de forces égales,
« identiques, homogènes, déposer leur vote
« dans l'urne du scrutin. Rousseau généra-
« lise cette situation de forces ou d'individua-
« lités homogènes et identiques. *Chacun de*
« *nous, dit-il, met en commun sa personne et*
« *toute sa puissance sous la suprême direc-*
« *tion de la volonté générale, et nous rece-*

« *vons en corps chaque membre comme*
« *partie indivisible du tout*. Mais pour que
« chaque membre soit partie du tout, il
« faut que CHAQUE MEMBRE AIT ABDIQUÉ
« la souveraineté naturelle, pour ne con-
« server qu'une partie de sa souveraineté
« au prorata du nombre ! Rousseau le recon-
« naît : *afin donc*, dit-il, *que le pacte social*
« *ne soit pas une vaine formalité, il ren-*
« *ferme tacitement cet engagement , qui*
« *seul peut donner de la force aux autres :*
« que *quiconque refusera d'obéir à la vo-*
« *lonté générale,* y sera CONTRAINT PAR TOUT
« LE CORPS, *ce qui ne signifie autre chose,*
« *sinon qu'on le forcera d'être libre.*

« Ainsi, grâce à cette machine politique,
« voilà de nouveau l'homme esclave et
« ESCLAVE DE TOUTE MANIÈRE. Epictète esclave
« conservait au moins la liberté de son intel-

« ligence ; le citoyen Rousseau engage dans
« le contrat son intelligence. Le citoyen de
« Rome restait libre quant à son droit fa-
« milier ; la famille et la propriété existaient
« pour lui indépendamment de la cité. Le
« citoyen de Rousseau engage tout dans le
« contrat ; il devient partie du souverain en
« tout, et c'est ainsi seulement qu'il est li-
« bre. Il n'est donc réellement libre *que de
« sa voix, libre que de son vote.* La loi ren-
« due, il est esclave. Mais il y aura toujours
« dans la conféction de cette loi une majorité
« et une minorité? Eh bien ! répond Rous-
« seau, la minorité sera esclave ! C'est le
« seul moyen que l'homme ait d'être libre.
« Voilà l'artifice et le jeu de la machine po-
« litique ; c'est de cette manière qu'on for-
« cera les hommes d'être libres. Ainsi toutes
« nos idées, tous nos sentiments, tous nos

« actes seront ou pourront être gou-
« vernés despotiquement par le sou-
« verain ; c'est-à-dire . par LA MAJORITÉ ?
« Oui, dit encore Rousseau, il n'y a pas
« d'autre moyen pour nous d'être libres ; car
« les hommes étant chacun une force, une
« volonté, un *moi* indépendant, je vous
« défie d'harmoniser ce *moi* sinon par une
« convention de ce genre.

« LE DESPOTISME D'UNE MAJORITÉ EST LE
« PIRE DES DESPOTISMES.

« L'homme n'est pas seulement une vo-
« lonté : donc vingt volontés ne peuvent rien
« contre dix. L'homme est intelligence : donc
« il ne peut s'abdiquer au point d'abdiquer
« son intelligence. Il est sentiment : donc,
« quand il aurait fait l'absurde convention
« d'abolir en lui le sentiment ou la volonté
« sous le coup de la volonté générale, c'est-

« à-dire de la MAJORITÉ, ce sentiment renaî-
« trait malgré lui en son cœur, et protes-
« terait contre cet inhumain sacrifice.

« LA DOCTRINE DU SUFFRAGE UNIVERSEL CON-
« DUIT AU RÈGNE DE LA DÉMAGOGIE. »

Ne ressort-il pas clairement des lignes qu'on vient de lire, que M. Pierre Leroux, sape dans sa base même le gouvernement républicain? N'est-ce pas, je le demande à tout homme de bonne foi, n'est-ce pas con-damner le principe républicain que de dire : *Le despotisme d'une majorité* est le pire des despotismes ?

Et d'ajouter : *La doctrine du suffrage universel conduit au règne de la démagogie.*

Je prie M. Pierre Leroux de suivre avec attention les réflexions que voici : J'admets votre définition de l'homme, et je dis avec vous, l'homme est sensation, sentiment, connaissance indivisiblement unis; mais je me hâte d'ajouter : *inégalement développés*. Et, en effet, en jetant un regard sur la société, ne voyons-nous pas que tous les membres de cette société ont un POIDS MORAL DIFFERENT? Que les uns s'élèvent à une hauteur prodigieuse dans l'ordre moral, intellectuel et religieux, tandis que les autres s'endorment volontairement dans l'ignorance, l'immoralité et le scepticisme le plus grossier. Tous ont la force de grandir, de s'élever, de se distinguer et de se sanctifier, de *s'aristocratiser;* mais tous n'en profitent pas; il en est, vous le savez, qui voient couler devant eux le fleuve de la vie, et qui refusent d'y tremper leurs lèvres.

Il en est qui s'endorment dans les régions de la mort et dans la boue de l'immoralité, tandis que les autres, comme des météores lumineux, s'élèvent dans les régions supérieures de la vie et projettent sur les foules ignorantes des rayons vivifiants. Ce sont les soleils du monde moral et intellectuel.

La nature est un immense tissu d'obstacles qui s'oppose constamment à l'action de l'homme. Le mérite consiste à remporter des victoires signalées sur la matière en révolte. Depuis Adam, le travail pénible, constant, opiniâtre, est la loi de l'homme sur la terre. Lorsque l'homme accomplit ses lois, il s'élève vers l'infini, il se rapproche de Dieu, il devient grand !

C'est pourquoi un illustre penseur, M. Bonnet, à dit : « L'homme n'est point interposé sur la terre pour jouir, mais pour grandir : L'homme n'a point été mis au monde pour satisfaire ses besoins, mais

« pour croître par les efforts qu'ils réveillent

« dans son ame; car c'est ainsi qu'il s'élève

« dans l'être. »

« Tandis, en un mot, que les uns se spiri-
« tualisent et montent vers le ciel, les autres
« se matérialisent et s'attachent à la terre. »

Il est donc vrai qu'il existe une inégalité
sociale, philosophique, morale et religieuse,
parmi les hommes.

S'il en est ainsi, comment voulez-vous
donc que tous participent au même degré
dans les affaires de l'Etat?

Non ! mille fois non ! on n'a pas le droit
d'intervenir dans les affaires de son pays
par cela seul qu'on est un nombre : cinquante
mille ignorants ne pèseront jamais, dans la
balance des destinées nationales , autant
qu'un génie aux sublimes méditations et à
la volonté de fer...

Quelle est donc cette doctrine qui, devant l'urne électorale, assimile le savant à l'ignorant; celui qui a sondé les plus terribles problèmes de la destinée de l'individu et des nations, à celui qui s'est lâchement endormi dans les plus grossières jouissances de la vie animale ; celui dont le cœur chaud s'est répandu sur les autres hommes, à celui qui toujours est resté froid et glacé devant les misères de ses semblables? Eh quoi ! la voix de la conscience, la voix de la justice ne vous crient-t-elles pas qu'il y a dans ce fait la plus honteuse et la plus inique des inégalités?

Voulez-vous que je vous dise ce que c'est que votre suffrage universel direct ? C'est :

La science sacrifiée à l'ignorance ;

Le travail sacrifié à l'oisiveté ;

La vérité sacrifiée au mensonge;

La liberté individuelle sacrifiée au despotisme brutal , grossier , stupide, aveugle du
nombre ;

La moralité sacrifiée à l'immoralité;

La société livrée aux passions désordon-
nées des foules corrompues;

La religion livrée à l'esprit d'impiété et
de révolte ;

Le gouvernement des sociétés arraché à
l'aristocratie de l'intelligence , du talent, de
la sainteté , du patriotisme , pour le livrer
aux courtisans ignorants des passions popu-
laires.

Voilà ce que c'est que votre égalité politique! C'est tout simplement la subordina-
tion de l'esprit à la matière. Votre doctrine
est une doctrine de sauvages et non de ci-
vilisés.

Monsieur Pierre Leroux, vous aviez entrevu cette vérité quand vous disiez ces remarquables paroles que nous avons citées plus haut.

Aujourd'hui, vous avez changé d'avis : je ne vous fais pas l'injure de croire qu'en cela, comme en toutes choses , vous ayez écouté 'une autre voix que celle de la vérité.

Maintenant au tour de M. Considérant.

M. Considérant, qui a dépensé deux millions de fonds secrets pour L'EXISTENCE de son journal , est un des chefs socialistes qui ont traité le plus cavalièrement et le suffrage universel, et la république, et les républicains, et les constitutions, et la politique, et la presse, et enfin les révolutions. Comment se fait-il que ce grand pourfendeur, que ce critique toujours prêt à déverser l'insulte, le blâme et l'ironie sur les perturbateurs de l'ordre social, se soit tout à coup jeté lui-même dans les plus grands excès démagogiques? D'où lui est venu cet amour tardif pour cette politique tant bafouée, tant vilipendée par lui?.... Hélas ! Considérant ne croyant plus à la vertu *productrice* et régénératrice de la doctrine phalanstérienne, a cherché un autre piédestal pour s'élever. Les cordes de l'instrument phalanstérien ne sonnant plus, il a bien fallu en chercher d'autres. Alors, aux notes paisibles de la lyre harmonienne ont succédé les sons bruyants du clairon guerrier. Celui qui avait chanté la paix universelle, prêche maintenant la guerre universelle. Celui qui pendant vingt ans avait rêvé l'harmonie, s'efforce aujourd'hui de généraliser l'anarchie.

Considérant, républicain, révolutionnaire, vous allez être jugé par vous-même.

J'ouvre à la page 11, un petit opuscule intitulé : *Débacle de la politique en France*, et j'y lis : « Plus les discussions et batailles poli-
« tiques sont vives, acharnées, brûlantes,
« plus les sources de la prospérité publique
« diminuent, et moins bien vont toutes les
« affaires, si ce n'est (écoutez bien, chers
« confrères) celles des écrivains de journaux
« politiques, actionnaires de journaux politi-
« ques, faiseurs de journaux politiques, et de
« toutes espèces de brochures, livres, pam-
« phlets et commerces politiques. Après cela
« vous direz : il faut que la nation française,
« reputée si spirituelle, soit bien bête pour
« se laisser toujours, au grand toujours,
« leurrer, *bafouer*, mener, endoctriner, et
« prendre son argent par ces gens-là. C'est
« vrai, et nous sommes de votre avis. »

Et moi aussi, je suis de l'avis de ceux qui disent cela, surtout depuis que je sais combien de cent mille francs la *Démocratie pacifique* a MANGÉ aux phalanstériens imbéciles. — Continuons :

« Ensuite, nous ne disons pas que tous les « journalistes ont pour but unique de nous « prendre notre argent. Non ; nous disons « seulement que c'est là, toujours, en der- « nière analyse, que cela aboutit. » (L'exemple vous a entraîné, Monsieur Considérant ; vous avez largement récolté dans le champ des niais)..... « Vous voyez bien « qu'ils disent tous et toujours : il est temps « d'en finir ! Et ils n'en finissent jamais. « Toujours des révolutions *glorieuses*, des « *glorieuses* révolutions, des révolutions « *impérissables* : il N'Y A PAS DE NATION QUI « PUISSE Y TENIR. »

Pourquoi M. Considérant ne s'est-il pas souvenu de ces paroles la veille du 13 juin? Il ne serait point exilé, s'il avait eu de la mémoire.

Toujours dans le même livre, paragraphe 3, je lis :

« Quant à la République, c'est elle sur-
« tout qui se pique d'amour pour la liberté !
« Ce mot l'enivre, elle en est folle ! Eh
« bien ! il est arrivé de là ce qui arrive de
« tout amour par trop exclusif, excessif et
« *déraisonnable* : cet amour a été fatal à
« son objet.

« Voyez, en effet, la République, qui a
« bon cœur au fond, sans aucun doute,
« mais qui est assez *ignorante par édu-*
« *cation*, trop portée au genre déclama-
« toire par habitude, *trop cavalière dans*

« *ses allures*, trop cassante par nature, et
« d'une humeur encore plus belliqueuse
« qu'un enfant à qui on vient de donner
« son premier tambour, la République s'en
« prit tout d'abord et de tout au principe
« monarchique. A peine le vent de juillet
« eut-il fait tourner un nouveau gouver-
« nement, qu'elle fit comme Don Quichotte,
« et s'attaqua à ce moulin à vent.

« Si je la compare ici à ce pauvre cheva-
« lier, qui était très-brave, comme elle, et
« animé, comme elle aussi (*je parle de la*
« *masse jeune du parti*), des plus généreuses
« intentions, c'est qu'il y a bien des raisons
« pour établir la ressemblance : d'abord la
« bravoure et la générosité, égales de part
« et d'autre, comme je viens de le dire ;
« puis, de part et d'autre, cette *malheureuse*
« *manie de tout attaquer*, moulins à vent,

« outres, PRINCIPE MONARCHIQUE, lions, con-
« ducteurs de lions, conducteurs de la
« chaîne des galériens, ministres, troupeaux
« de moutons, pairs, députés, enfin tout
« ce que l'un et l'autre rencontraient sur
« leur passage, soit debout, ou assis. —
« Quand *la République n'est pas occupée à*
« *se pâmer d'amour pour l'humanité*, il faut
« qu'*elle querelle*, qu'elle attaque, exac-
« tement comme son *honnête prédécesseur*,
« qui avait toujours sa grande lance au
« poing et sa Rossinante entre les jambes,
« sitôt qu'il ne faisait plus de cabrioles et
« d'extravagances pour sa princesse.

« Don Quichotte aurait pu faire des mal-
« heurs, la *République a eu le malheur*
« *d'en faire*, voilà la différence.

« Quoi qu'il en soit de l'avenir, ces mes-
« sieurs de la République ont tant fait des

« pieds et des mains, des *griffes* et des
« *dents*, ils ont tant crié, tant menacé, tant
« fait les terribles ; leurs journaux, leurs
« sociétés, tous leurs organes de vie et d'ac-
« tion ont manifesté tant d'*aveugles colè-*
« *res* et si peu de sens; ils *se sont roulés dans*
« *tant de dégoutantes orgies d'injures,* »
(que dit M. Considérant de la lettre que
son ami, le citoyen Pyat, exilé, a adressée
naguère au comte de Chambord ?) « de
« HAINES SAUVAGES , de BRUTALES CALOM-
« NIES; ils ont si bien ouvert sous leur
« drapeau un asile pour toute chose sub-
« versive; ils ont si bien mis à découvert
« leur mépris pour l'ordre et pour *toute es-*
« *pèce de pouvoir établi ;* ils ont tant de
« fois prêché la révolte, échauffé et provo-
« qué la HIDEUSE ÉMEUTE, qu'ils ont fini par
« donner à tout ce qui a sou et maille, ou

« seulement amour de la tranquillité dans
« la nation, la plus profonde frayeur pour
« ce mot de république, qui, *précisément*
« *parce qu'il est sonore* ET NE CORRESPOND
« A RIEN DU TOUT, — avait assez de chances
« de succès en France. »

Dans la suite de ce paragraphe, qu'il serait trop long de transcrire ici, M. Considérant stigmatise avec une louable énergie la conduite coupable de la presse démagogique, qui *développe toutes les mauvaises passions et remue tous les ferments de haine,* et déclare que toutes les lois répressives auxquelles le gouvernement a été obligé d'avoir recours ont été nécessitées par le dévergondage des idées et des actes du parti républicain.

On le voit, M. Considérant était loin, à

cette époque de sa vie, de croire à la vertu républicaine. — Mais poursuivons.

Au paragraphe 5, page 42, je lis ce qui suit :

« Il faut aimer et honorer les honnêtes
« gens. Mais si demain vous aviez puissance
« de réunir en assemblée politique les qua-
« tre cents plus dévoués et plus honnêtes
« gens de toute la France, soyez certains
« que, dans les circonstances actuelles, ils
« auraient commencé déjà, dès après de-
« main, à dire et à faire beaucoup de sot-
« tises. »

A cette époque, M. Considérant ne croyait qu'à sa propre infaillibilité. — Une assemblée, issue du suffrage universel, n'eût fait que des sottises ! — Conciliez donc vos doctrines d'hier avec vos paroles et vos actes d'aujourd'hui, ô grand défenseur de la constitution républicaine !...

Est-ce assez ? — Non... lecteur, un peu de patience. Il faut que la lumière se fasse.

« Ce sont les républicains *surtout,* qui
« sont particuliers avec leurs intentions ;
« les autres, qui sont au pouvoir, sentent
« bien que les intentions ne suffisent pas ;
« mais les républicains ont une réponse à
« tout. — Vous ne vous entendez pas entre
« vous. — C'est vrai ; mais nous avons de
« bonnes intentions. — Vous vous battriez
« entre vous si vous aviez une victoire. —
« C'est possible ; mais ce seraient les plus
« dévoués qui triompheraient. — Pas sûr ;
« et puis quel plan mettriez-vous à exécu-
« tion ? Comment organiseriez-vous les in-
« térêts de l'industrie, de la propriété, etc. ?

« Enfin , votre système ? — Nous n'en
« avons point ; mais nous sommes de braves
« patriotes, et tous les gens les plus dévoués
« seraient appelés à donner leur avis au
« gouvernement ; et certes le gouverne-
« ment républicain les recevrait bien ! Un
« pouvoir électif et temporaire aurait des
« poignées de main ! — Connu ! que *voulez-*
« *vous tirer de pareilles choses?* — Je
« n'exagère pas, moi. — C'EST STUPIDE ! »

Continuation de la critique des doctrines
de Victor Considérant.

Nous pourrions nous arrêter là, et nous
tenir pour satisfaits des citations accablantes
que nous avons empruntées aux œuvres du
grand-prêtre phalanstérien ; mais nous te-
nons à ce que notre adversaire roule dans
la poussière et meure à nos pieds. Nous

allons lui porter de nouveaux coups. — Il faut qu'il soit écrasé.

En ouvrant la *Débacle politique*, à la page 57, je lis ce précieux aveu : « *Le parti* « *à qui sa position donne amour de l'or-* « *dre est moins défavorable à l'œuvre qui* « *doit se faire* (le bien du peuple), *que le* « *parti qui veut encore expulser, briser,* « *renverser.* »

Ce remarquable jugement est souligné dans l'œuvre à laquelle nous l'empruntons. — L'auteur voulait sans doute qu'on s'en souvînt. — Et nous nous souvenons. — Cela doit lui faire plaisir.

Pourquoi donc M. Victor Considérant a-t-il changé d'avis ? Pourquoi est-il devenu un des chefs du parti qui veut encore *expulser, briser, renverser ?* — Pourquoi a-t-il poussé le peuple à *la hideuse émeute ?* —

Pourquoi, après s'être tant moqué des *con-stitutions impuissantes*, s'est-il épris jusqu'au fanatisme de la constitution Marrast? Pense-t-il maintenant faire le bien du peuple en provoquant des révolutions et en s'efforçant d'ébranler et de renverser les gouvernements ?

Si c'est là sa foi d'aujourd'hui, cette foi est en contradiction flagrante avec sa solennelle déclaration suivante :

« N'est-il pas vrai, disait, en 1836, le
« futur omniarque du globe, que si ceux
« qui sont au pouvoir n'étaient pas si fort
« harcelés ; si, au lieu d'être sans cesse
« menacés et attaqués, obligés d'avoir tou-
« jours l'arme au bras, ils étaient bien assis,
« bien assurés ; n'est-il pas vrai qu'alors
« ces gens qui ne sont pas naturellement

« plus que vous et que moi, seraient forcés,
« par leur intérêt même, de réaliser des
« améliorations, de favoriser le développe-
« ment de la prospérité générale ? *Vous*
« *voyez bien que c'est vous*, AGRESSEURS
« OBSTINÉS, *qui leur fournissez le prétexte*
« *de ne rien faire activement pour le bien*
« *du pays... Vous mettez les hommes du*
« *gouvernement dans la nécessité d'em-*
« *ployer tous leurs moyens à vous com-*
« *battre.* »

Après ces paroles, M. Considérant chante
sur un ton vraiment lyrique les heureux
avantages qui découleraient pour l'ordre,
pour la liberté, pour le bonheur du peuple,
de la cessation des *manifestations révolutionnaires.* — Vous n'êtes pas encore mort,
Monsieur Considérant? Vous remuez encore,

je crois ? Attendez ! essayez de parer ce dernier coup de massue que je vais vous porter à la tête.

Républicains, prenez note de l'unité de doctrine de vos chefs courageux...

A la page 110 de la *Débacle politique* je lis : « Pour avoir ignoré les conditions de « l'association en jetant ce mot au public, « on n'a fait qu'ajouter un mot de plus, un « mot VIDE ET CREUX AUX GRANDS MOTS VIDES « ET CREUX, — LIBERTÉ, droits IMPRESCRIP- « TIBLES, SOUVERAINETÉ du PEUPLE, etc., etc., « — sur lesquels on frappe à si grands cris « depuis soixante ans. »

Est-ce clair ? vous l'entendez : la souveraineté du peuple, le suffrage universel est un mot VIDE ET CREUX. — Quel élément nouveau la république de février a-t-elle donc introduit dans ce mot VIDE ET CREUX, dans le suffrage universel enfin, pour qu'aujourd'hui M. Considérant réclame *le gouvernement direct du peuple par le peuple?*

Ce titre pompeux de votre dernière publication me rappelle qu'en 1835 vous disiez : « *Le gouvernement du pays par le pays n'est qu'une* vaine formule, *une de ces vagues* FICTIONS POLITIQUES AUXQUELLES *les esprits se laissent trop facilement prendre.* »

« Tant que la France ne sera pas couverte de phalanstères , disiez-vous à la même époque, *le gouvernement du pays par le pays ne sera que la manifestation des divergences radicales existant dans lepays.* »

Non ! non ! Victor Considérant n'a jamais été républicain. — L'école *sociétaire* dont il est le chef s'est proclamée dans mille circonstances anti-républicaine, anti-révolutionnaire. — Dans le procès d'avril, par exemple, l'accusé Rivière, membre influent de l'école phalanstérienne, sut conquérir la bienveillante indulgence de MM. les Pairs de France, en séparant solennellement sa cause de celle des républicains ses coaccusés, et en déclarant à plusieurs reprises, durant le cours des débats, qu'il avait abandonné le parti et les sociétés républicaines.

Je pourrais, en feuilletant les livres et les journaux de M. Considérant, accumuler ici une foule de citations, toutes plus explicites les unes que les autres; mais je craindrais d'abuser de la patience de mes lecteurs. — J'en ai dit assez, du reste, pour qu'il ne subsiste plus aucun doute dans les esprits droits et dans les cœurs honnêtes. — Mes lecteurs doivent être maintenant pleinement édifiés sur la force, la profondeur, la con—

stance des convictions républicaines des porte-drapeau de la république rouge.

Que sont-ils donc tous ces prétendus apôtres d'une religion nouvelle, sinon des êtres pleins de contradictions et de mensonges? Où est donc leur foi? Où est donc la vérité génératrice de leurs doctrines? Où est enfin le dogme nouveau qui doit rejeter dans l'ombre tous les dogmes anciens, et dont les adeptes parlent à tout propos?

Les niais, les simples, les ignorants qui ne comprennent rien ou pas grand'chose à vos doctrines nébuleuses et ennemies, pensaient au moins que, tous, vous communiiez dans la foi politique du suffrage universel; du suffrage universel, principe, source de la république; et voilà qu'ils vont apprendre que vous n'avez rien épargné pour détruire, pour anéantir cette idole devant laquelle vous

vous prosternez lâchement aujourd'hui !
Prenez-garde, ô grands courtisans du peuple,
prenez-garde que ce peuple, enfin détrompé
par votre impuissance et par votre mauvaise
foi, ne tourne contre vous les colères que vous
aurez amoncelées, excitées dans son ame !
Rentrez, si vous n'êtes point encore entière-
ment pervertis, rentrez dans vos conscien-
ces et songez à la gravité des promesses que
vous avez faites à ce peuple qui travaille et
qui souffre ! Oh ! songez-y ! n'ajoutez pas
au poids déjà si lourd de ses maux la souffrance amère et poignante de la désillusion !
Si le sentiment du vrai, du juste et du bien
vit encore dans vos ames, ayez le courage
de déclarer, en face de la nation, que vous
retirez vos promesses imprudentes ; que
vous reprenez votre parole ; que vous vous
êtes trompés ; que vous avez pris l'ombre

pour la réalité ; que vos recherches n'ont point abouti ; que vous n'avez point atteint le but que vous cherchiez à atteindre ; que le bonheur n'est pas de ce monde ; que la peine, le travail opiniâtre, la douleur ne diminueront sur cette terre qu'autant que la moralité, fruit de la religion, grandira parmi les hommes ; qu'après un long et pénible voyage dans les campagnes de la révolte, de l'orgueil, du mensonge et de l'impiété, vous revenez enfin vous reposer, vivre et mourir dans l'antique foi de vos pères !

Faites cela ! Et bientôt vous verrez une grande joie éclater dans la nation, et une immense bénédiction environner vos noms immortels...

Faites cela ! donnez l'exemple de la grande réconciliation nationale, et bientôt

vous verrez le travail reprendre son activité, le commerce attirer à lui d'innombrables capitaux, l'agriculture refleurir dans
nos champs, et le bonheur envahir peu à
peu toutes les couches de l'ordre social...
Oh ! faites cela... et vous serez justement
appelés les *amis du peuple*, les sauveurs de
la nation.

Oui ! ce qu'il faut pour sauver notre malheureuse patrie, c'est une vérité, une seule !
Et cette vérité, vous pouvez la dire ! A
genoux donc ! et, devant Dieu et le peuple,
confessez-vous ! Dieu est grand et miséricordieux, il vous pardonnera. — Le peuple
est grand et miséricordieux, il vous pardonnera aussi !...

Ah ! si l'exemple du plus humble de vos
frères pouvait vous encourager, je vous dirais : Faites comme j'ai fait.

P.-J. PROUDHON.

Si les écrits économico-socialistes de M. Proudhon ont souvent besoin de commentaires pour être intelligibles, ses écrits révolutionnaires sont, en revanche, éclairés d'une si vive lumière que point n'est utile de les expliquer. Aussi nous contenterons-nous de citer ici purement et simplement les jugements que ce farouche défenseur de la République a portés sur le suffrage universel.

Après s'être attaqué à tout ce qu'il y a de fondamental dans les sociétés, après avoir dirigé ses audacieux sophismes contre Dieu, contre la religion, contre l'autorité, contre le capital, contre le génie, contre la charité chrétienne, contre la propriété, il se pré-

cipite avec une fureur sauvage sur le suffrage universel et s'écrie : « Suffrage universel, je vais te tuer, car TU AS MENTI
AU PEUPLE! »

Puis, après cette déclaration de guerre, le
théoricien de l'anarchie et du plus monstrueux athéisme, attaque ainsi son dernier
adversaire :

« Le suffrage universel, disons-nous,
« est une sorte de théorie atomistique par
« laquelle le législateur, incapable de faire
« parler le peuple dans l'unité de son es-
« sence, invite les citoyens à exprimer leur
« opinion par tête, *viritim*, absolument
« comme le philosophe épicurien explique
« la pensée, la volonté, l'intelligence par
« des combinaisons d'atômes. Comme si de
« l'addition d'une quantité quelconque de

« suffrages, pouvait jamais sortir l'idée

« générale, l'idée du peuple. LE MOYEN LE

« PLUS SUR DE FAIRE MENTIR LE PEUPLE EST

« D'ÉTABLIR LE SUFFRAGE UNIVERSEL. Le

« vote par tête, en fait de gouvernement,

« et comme moyen de constater la volonté

« nationale, est exactement la même chose

« que serait en économie politique un nou-

« veau partage des terres. *C'est la loi*

« *agraire transportée du sol à l'autorité.*

« Parce que les auteurs qui les premiers

« se sont occupés de l'origine des gouver-

« nements ont enseigné que tout pouvoir

« a sa source dans la souveraineté nationale,

« on a bravement conclu que le mieux était

« de faire voter *de la voix, du croupion*

« ou *par bulletin* tous les citoyens, et que

« la majorité absolue ou relative des suf-

« frages ainsi exprimés était adéquate à la

« volonté du peuple. *On nous a ramenés*
« *aux usages des barbares.* »

Puis, après avoir prouvé sa thèse par l'analyse des élections de la Seine, qui ont donné des résultats diamétralement opposés et partant absurdes, Proudhon ajoute :

« Un des premiers actes du Gouvernement
« provisoire, celui dont il s'est applaudi le
« plus, est l'application du suffrage univer-
« sel. Le même jour où ce décret était pro—
« mulgué, nous écrivions ces propres pa-
« roles qui pouvaient alors passer pour un
« paradoxe : Le suffrage universel est la
« la contre-révolution. »

Ces paroles sont-elles, oui ou non, suf—
fisamment claires ? Ces déclarations sont-
elles assez explicites ? M. Proudhon trou-

vera-t-il dans l'immense arsenal de ses sophismes une nouvelle raison pour nous prouver que le jour où il écrivait ces lignes, il professait sa foi républicaine ? N'aurai-je pas le droit de dire qu'en stigmatisant ainsi le suffrage universel **M.** Proudhon était plus près du gouvernement dictatorial que de la fameuse doctrine de l'anarchie ? Si autrefois le grand Bossuet, dans sa sublime indépendance évangélique, s'écriait : « *Et nunc, reges, intelligite !* » *Et maintenant, rois de la terre, comprenez !* je puis bien adresser au peuple ce même conseil.

Est-ce assez ? M. Proudhon voudrait-il résister encore ? Ses admirateurs et ses disciples persisteraient-ils dans leur confiance aveugle ? Qu'ils nous continuent encore pendant quelques minutes leur attention.

« Le suffrageuniversel, » s'est écrié Proudhon, dans un de ces jours trop rares où la vérité frappe et inonde sa grande intelligence, « le suffrage universel est le maté-
« rialisme de la république : plus on em-
« ploiera ce système, plus on rétrogradera
« vers le despotisme et la barbarie, et cela
« d'autant plus *sûrement, que les votes se-*
« *ront plus nombreux, plus raisonnés, plus*
« *libres.* »

Et ce même homme, à l'occasion de la loi du 31 mai sur le suffrage universel, a osé pousser un cri de guerre formidable... La souveraineté du peuple a été violée, dis-tu, par cette loi ; mais que t'importe si, par l'exercice de cette souveraineté, nous *devons retourner à la barbarie ?*

Peuple, ton idole va être brisée : écoute encore ce défenseur de la république.

« Parce qu'il ne s'est pas trouvé un *grain*
« de sens commun dans tout le gouverne-
« ment provisoire, parce qu'on s'était flatté
« de soutenir la *fantaisie révolutionnaire*
« par *la raison du plus grand nombre*, nous
« voilà en pleine réaction bourgeoise ! Nous
« payons cher notre engouement pour des
« romanciers et des harangueurs. Et si nous
« n'étions les premiers coupables, JE DIRAIS
« QUE DES MINISTRES QUI, SANS PRINCIPE, SANS
« NULLE RAISON DE DROIT, ABUSANT D'UNE DIC-
« TATURE TEMPORAIRE, ONT LIVRÉ LE SALUT DU
« PEUPLE AUX HASARDS DE CE MONSTRUEUX
« SCRUTIN DEVRAIENT ÊTRE DÉCHUS DE LEURS
« DROITS CIVIQUES. »

Ces citations, comme je l'ai dit en com-
mençant, n'ont pas besoin de commentaires;
aussi n'en ferai-je aucun : seulement je me

permettrai de dire à M. Proudhon, qu'il est tombé dans une singulière contradiction, d'un côté en attaquant le suffrage universel, et de l'autre en produisant la merveilleuse théorie de l'anarchie.

Si, comme vous le dites, le suffrage universel doit nous conduire à la barbarie, il a, je crois, une admirable ressemblance avec la doctrine de l'anarchie. — Si l'anarchie est votre but, le suffrage universel doit être votre moyen. — Soyez donc logique une fois dans votre vie, ô grand philosophe !

CONCLUSION.

Tel est le suffrage universel actuel. La critique que nous en pourrions faire n'ajouterait rien à celle que le lecteur vient d'entendre. Après les aveux précieux de MM. Pierre Leroux, Proudhon et Victor Considérant, les hommes de bonne foi doivent être pleinement édifiés sur cette question.

Si le suffrage universel direct est jugé faux, impuissant, absurde, anarchique, est-ce une raison pour que nous déniions au pays tout droit de participation et de con-

trôle dans son gouvernement ? Non, certes !
car si nous préférons, nous ne nous en ca-
chons pas, le plus complet despotisme au
suffrage universel direct, nous savons nous
souvenir des élections de 89.— Et qu'on ne
vienne pas confondre avec ces élections les
résultats du serment du jeu de paume !

En 89, les électeurs firent trois réponses
à l'appel de la royauté. — Première réponse : Ordre admirable (troublé seulement
un moment en Bretagne et à Paris), ordre
admirable dans les élections, BIEN QU'ELLES
AIENT DURÉ QUATRE-VINGT-SEPT JOURS.

Seconde réponse : Choix merveilleux des
députés, dont l'immense majorité, personne
ne l'a nié, était aussi honorable, aussi intel-
ligente que bien intentionnée.

Troisième réponse : Sagesse vraiment
admirable des mandats ou cahiers. — « Ces

« cahiers forment, dit M. de Châteaubriand,
« un recueil de soixante-six volumes in-
« folio, dont l'impression serait bien à dé-
« sirer pour l'honneur de notre pays. Là
« se trouvent consignés, avec une connais-
« sance profonde, tous les besoins de la
« France ; de sorte que si l'on avait suivi
« exactement les instructions des cahiers,
« on aurait obtenu tout ce que nous avons
« acquis par la révolution, moins les cri-
« mes révolutionnaires. »

Dans un prochain travail, nous aurons lieu de dire dans quelles limites le pays peut participer à son gouvernement ; quelle doit être la nature de son contrôle et de sa sanction.

———

Je croyais faire suivre les considérations qu'on vient de lire, d'untravail sur la vérité religieuse ; mais l'espace manquant à ma pensée, je me vois dans l'obligation de n'en donner que les deux fragments suivants :

La communion chrétienne est la seule source de la solidarité humaine. En effet, les paroles suivantes du grand apôtre des gentils sont assez explicites, il suffit de lire :

« La coupe de bénédiction, laquelle
« nous bénissons, n'est-elle pas la commu-
« nion du sang du Christ? et le pain que
« nous rompons n'est-il pas la communion
« du corps du Christ ?... Parce qu'il n'y a
« qu'un seul pain, nous qui *sommes plu-*
« *sieurs, sommes un seul corps;* car nous
« sommes participants du même pain. »

La communion chrétienne, c'est une chimification, une absorption, une assimilation de la divinité par l'homme. Pour qu'il y ait transfiguration de la nature humaine, et mélange, union, identification des deux natures, de la nature humaine avec la nature divine, il faut que la première réunisse certaines conditions indispensables, conditions qui peuvent toutes se résumer par ces mots : « *Pureté virginale.* »

Par la communion ou *manducation divine*, l'homme est relié à Dieu dont le péché l'avait séparé : c'est là le sublime effet de la rédemption. — L'union de Dieu et de l'homme, qui s'effectue par la communion, sera éternelle si l'homme ne la brise pas de nouveau par le péché.

Par l'incarnation, le Christ devient l'Homme-Dieu. — Par la communion, l'homme devient Homme-Christ.

Par la communion, nous portons tous en nous le même Christ, et nous avons tous pour support l'essence divine qui rayonne dans tout notre être. — « Nous qui sommes plusieurs, dit l'apôtre, *nous sommes un seul corps;* car nous participons au même pain; » c'est-à-dire que tous nous mangeons, nous nous assimilons le Christ ou Dieu même. — Or, en péchant contre notre frère, ne péchons-nous pas contre nous–mêmes? — Évidemment oui. En insultant mon frère j'insulte et j'offense par là même J.-C., auquel il est, ainsi que moi, intimement uni; — mais si j'insulte, si j'offense le Christ dans mon frère, n'est-ce point la même chose que si je l'insultais, si je l'offensais en moi? — Le Christ est en vous, le Christ est en moi, le Christ est en tous; nous vivons en lui et par lui; sa nature rayonne, s'épanouit, s'incarne dans l'humanité tout entière, l'humanité tout entière mange le même pain, se désaltère à la même source, s'éclaire au même flambeau et vit de la même vie, de la vie du Christ sauveur des hommes ; ainsi, par le Christ, je suis en vous, vous êtes en moi, nous sommes chacun dans tous et tous dans chacun. C'est pourquoi le Sauveur disait : « Celui qui fait du mal à un de ces enfants, c'est comme s'il me le faisait à moi-même. »

Voilà la plus haute expression du dogme de la solidarité humaine.

Prison de Sainte-Pélagie, 6 août.

.   .   .   .

.   .   .   .

Ce jour-là, j'étais enseveli dans les froids linceuls du scepticisme et de la mort. — Je m'abreuvais de douleurs , je m'enivrais de tristesse ; elle revint encore cette sainte fi-

gure du crucifié rayonner à ma vue, m'attirer doucement à elle, m'arracher peu à
peu à mon tombeau, et me conduire des régions glacées du Doute aux vertes campagnes de la Vie. Ma méditation prit alors un
caractère de sublimité que je ne puis redire
aux hommes, mes frères. — Mon ame en-
tendit ces paroles : « Je suis le Christ, c'est-
« à-dire la divinité intimement unie à l'hu-
« manité; par ma divinité, je réunissais en
« moi les trois personnes de la sainte Tri-
« nité; et, par ma nature humaine, je réunis-
« sais en moi toutes les personnes de l'hu-
« manité. Je réunissais donc dans l'unité de
« mon être les deux termes génériques de la
« synthèse universelle : Dieu et l'homme.

« Par cette mystérieuse union, Dieu des-
« cendit jusqu'à l'homme et l'homme s'é-
« leva jusqu'à Dieu.

« Par cette mystérieuse union, Dieu se
« donna à l'homme et l'homme se donna à
« Dieu. Et c'est de ce don réciproque que
« résulte ce qu'on appelle parmi mes disci-
« ples la rédemption ou le rachat de l'hu-
« manité.

« De même que tous les hommes avaient
« péché en Adam, de même tous les hom-
« mes méritèrent en moi : je sacrifiai *en*
« *moi* et *par moi* l'humanité tout entière
« sur le Calvaire, afin que l'humanité tout
« entière entrevît la lumière et la vie.

« Je fus et je suis encore l'être *Dieu-*
« *Humanité.* — Voilà où est le secret de
« ma force au ciel et sur la terre.

« Je suis le symbole de la destinée hu-
« maine.

« Je suis la voie de la destinée humaine.

« Je suis le moyen de la destinée hu-
« maine.

« Je suis le but de la destinée humaine.

« Par l'union hypostatique de ma per-
« sonnalité humaine avec puissance et avec
« sagesse divine, je fus *omni*-scient, *omni*-
« puissant, *omni*-aimant.

« Par votre union indissoluble avec moi,
« le Verbe de Dieu, vous deviendrez, et par
« vous l'humanité, *omni*-scients, *omni*-
« puissants, *omni*-aimants.

« Par la communion, je m'offre à vous,
« comme mon père s'est offert à moi. —
« Donnez-vous à moi, comme je me suis
« donné à lui, et vous serez sauvés.

« J'ai reçu la Puissance, je vous rendrai
« puissants.

« Je reçus la Science, je vous rendrai
« savants.

« Je reçus la Charité, je vous rendrai
« charitables.

« Je reçus la liberté du Bien, je vous
« donnerai la liberté du Bien.

« Que l'humanité mange le pain que je
« lui ai donné et que je lui donne sans
« cesse, et L'HUMANITÉ SERA SAUVÉE !

« Si elle refuse de se nourrir du pain
« que je donne, elle se flétrira comme une
« fleur sur sa tige et mourra quand viendra
« le soir. »

Sainte-Pélagie, 1er juin.

IMPRIMÉ PAR HENRI ET CHARLES NOBLET,
Rue St-Dominique, 56.